Impressum
Verlag: BABADADA GmbH, Nedderfeld 112 , 22529 Hamburg
Geschäftsführer / Verlagsleitung: Harald Hof
Druck: Books on Demand GmbH, In de Tarpen 42, 22848 Norderstedt

Imprint
Publisher: BABADADA GmbH, Nedderfeld 112 , 22529 Hamburg, Germany
Managing Director / Publishing direction: Harald Hof
Print: Books on Demand GmbH, In de Tarpen 42, 22848 Norderstedt, Germany

AF216491

училище

escola

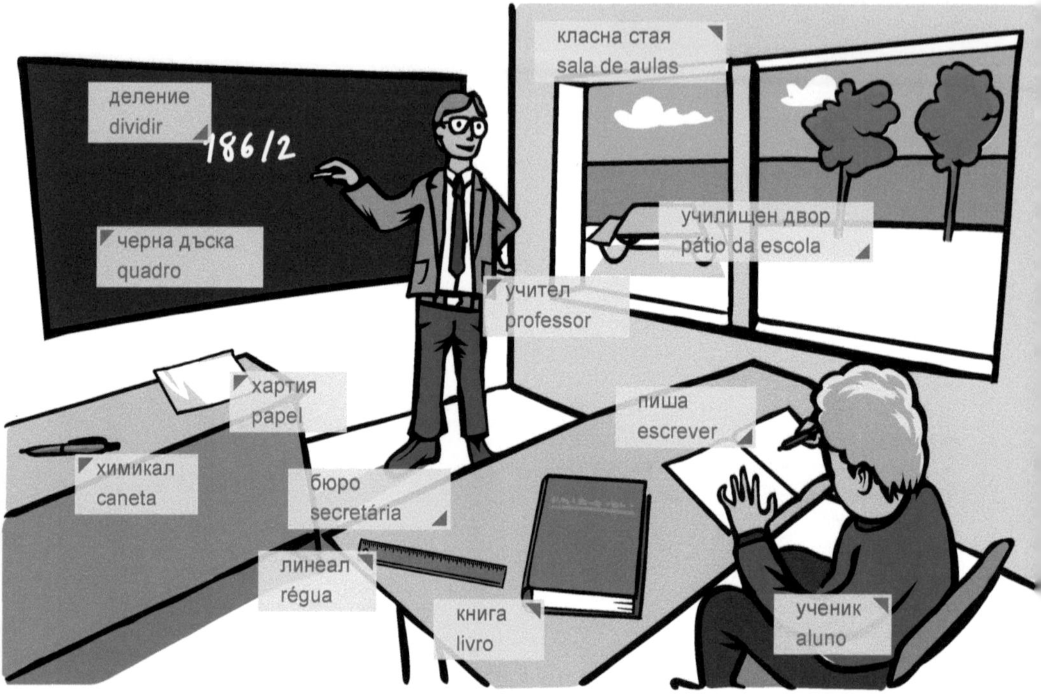

класна стая
sala de aulas
деление
dividir
186/2
черна дъска
quadro
училищен двор
pátio da escola
учител
professor
хартия
papel
пиша
escrever
химикал
caneta
бюро
secretária
линеал
régua
книга
livro
ученик
aluno

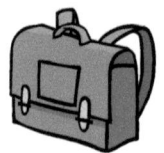

ученическа раница

mochila

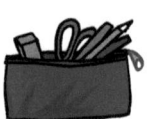

ученически несесер

estojo de lápis

молив

lápis

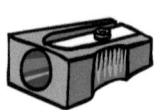

острилка за моливи

afia-lápis

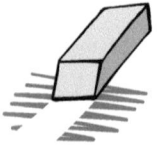

гума

borracha

блок за рисуване

bloco de desenho

рисунка

desenho

четка

pincel

акварелни бои

caixa de tintas

ножица

tesoura

лепило

cola

тетрадка за упражнения

livro de exercícios

домашна работа

trabalhos de casa

12

число

número

2+2

събиране

somar

5-2

изваждане

subtrair

2×2

умножение

multiplicar

смятане

calcular

A

буква

letra

ABCDEFG HIJKLMN OPQRSTU VWXYZ

азбука

alfabeto

дума

palavra

текст

texto

чета

ler

тебешир

giz

час

hora

дневник на класа

registo de presenças

изпит

exame

свидетелство

certificado

ученическа униформа

uniforme escolar

образование

educação

справочник

enciclopédia

университет

universidade

микроскоп

microscópio

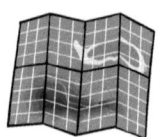

карта

mapa

кошче за хартиени отпадъци

cesto de lixo

пътуване
viagem

хотел
hotel
Grand
хостел
hostel
ROOMS
обменно бюро
casa de câmbio
EXCHANGE
куфар
mala
кола
carro

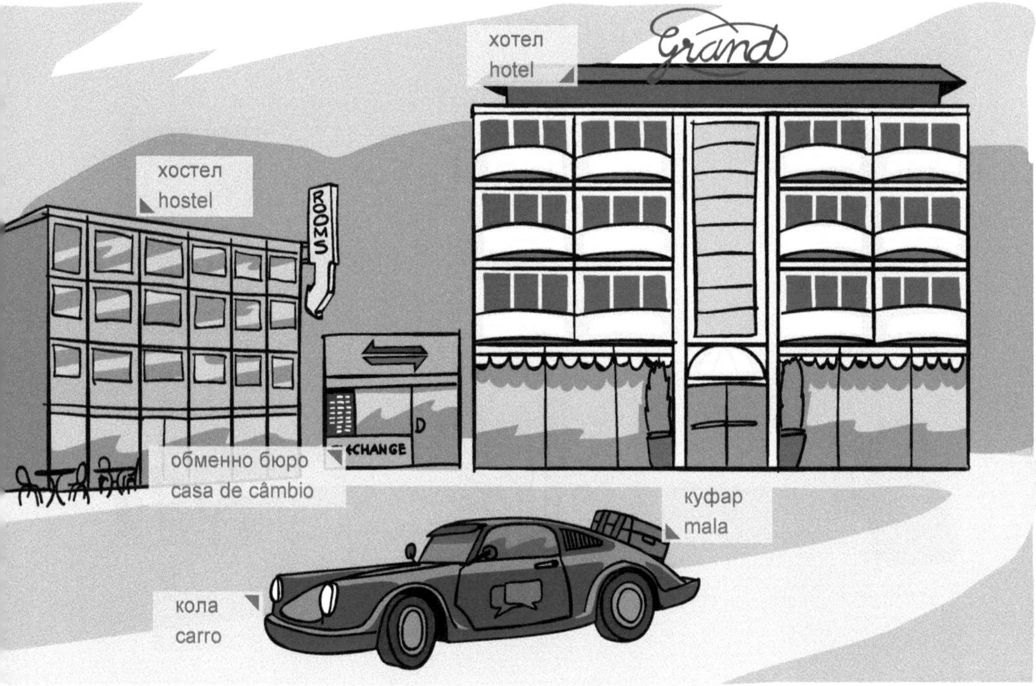

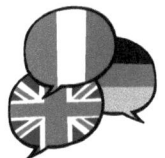

език

idioma

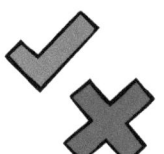

да / не

sim / não

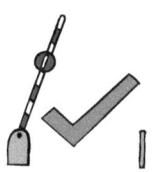

Окей

ok / certo / correto

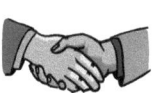

здравей

olá

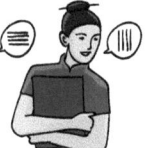

преводач

intérprete

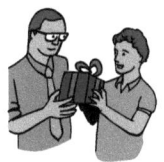

Благодаря

obrigado

Колко струва...?

quanto é que custa... ?

Не разбирам

não entendo

проблем

problema

Добър вечер!

boa noite!

Добро утро!

Bom dia!

Лека нощ!

Boa noite!

довиждане

adeus

посока

direção

багаж

bagagem

пътна чанта

saco

раница

mochila

посетител

convidado

стая

quarto

спален чувал

saco-cama

палатка

tenda

туристическа информация

informação turística

плаж

praia

кредитна карта

cartão de crédito

закуска

pequeno-almoço

обед

almoço

вечеря

jantar

билет

bilhete

асансьор

elevador

пощенска марка

selo postal

граница

fronteira

митница

alfândega

посолство

embaixada

виза

visto

паспорт

passaporte

транспорт

transporte

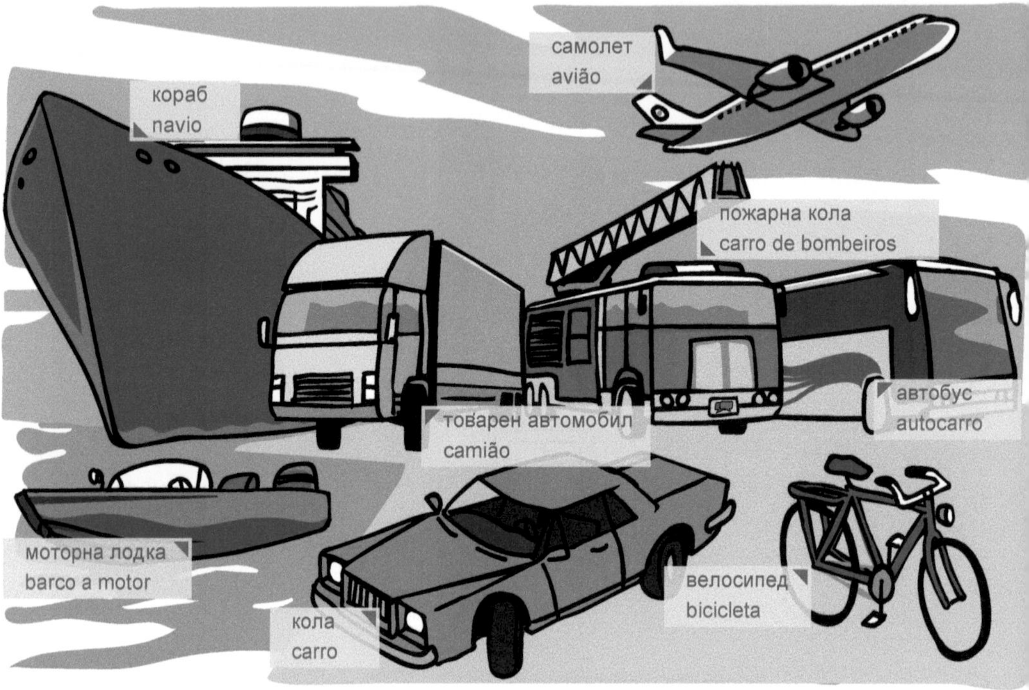
самолет
avião
кораб
navio
пожарна кола
carro de bombeiros
автобус
autocarro
товарен автомобил
camião
моторна лодка
barco a motor
велосипед
bicicleta
кола
carro

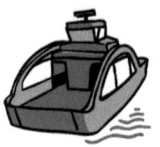

ферибот

cacilheiro

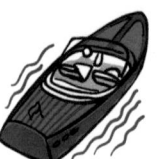

лодка

barco

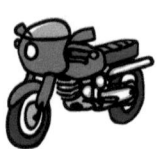

мотоциклет

mota

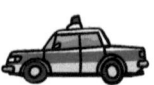

полицейска кола

carro de polícia

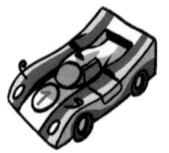

състезателна кола

carro de corrida

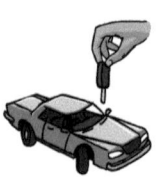

кола под наем

carro alugado

каршеринг

carsharing

автомобил от "Пътна помощ"

camião de reboque

сметовоз

camião do lixo

двигател

motor

бензин

combustível

бензиностанция

estação de serviço

пътен знак

sinal de trânsito

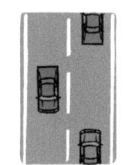

улично движение

trânsito

задръстване

congestionamento de trânsito

паркинг

parque de estacionamento

гара

estação ferroviária

релси

carris

влак

comboio

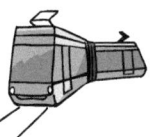

трамвай

elétrico

вагон

carruagem

хеликоптер

helicóptero

аерогара

aeroporto

кула

torre

пасажер

passageiro

контейнер

contentor

кашон

caixa de papelão

ръчна количка

carrinho

кошница

cesto

излитам / приземявам се

levantar voo / aterrar

град

cidade

село

aldeia

градски център

centro da cidade

къща

casa

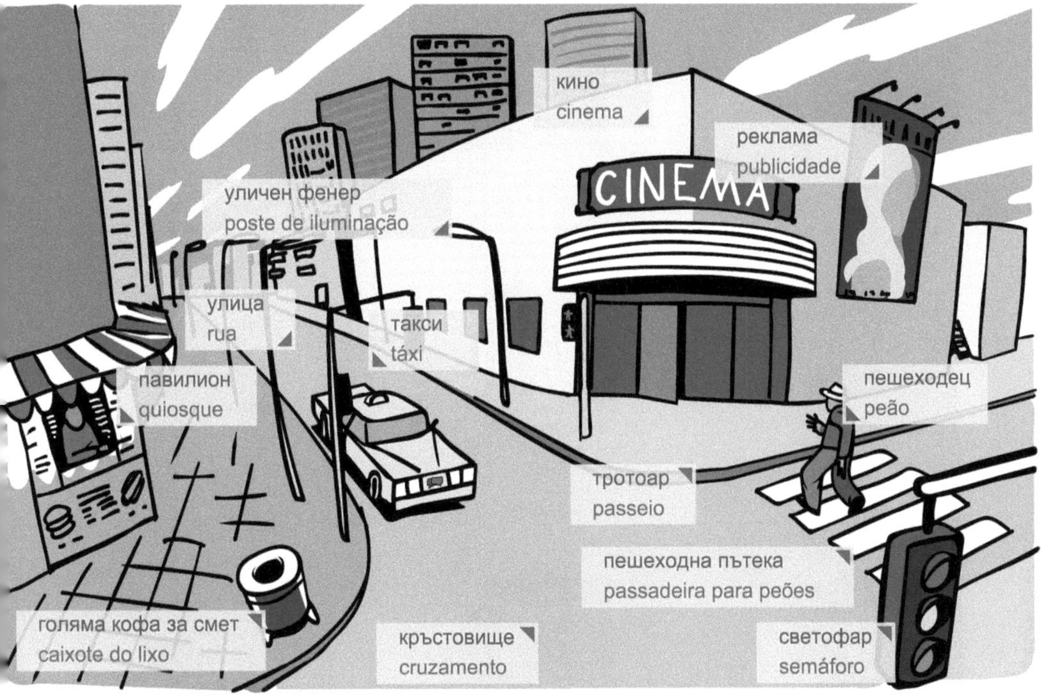

кино
cinema

реклама
publicidade

уличен фенер
poste de iluminação

улица
rua

такси
táxi

павилион
quiosque

пешеходец
peão

тротоар
passeio

пешеходна пътека
passadeira para peões

голяма кофа за смет
caixote do lixo

кръстовище
cruzamento

светофар
semáforo

хижа
cabana

жилище
apartamento

гара
estação ferroviária

кметство
câmara municipal

музей
museu

училище
escola

град - cidade

университет

universidade

банка

banco

болница

hospital

хотел

hotel

аптека

farmácia

офис

escritório

книжарница

livraria

магазин за цветя

loja

магазин за цветя

florista

супермаркет

supermercado

пазар

mercado

универсален магазин

loja de departamentos

търговец на риба

peixaria

търговски център

centro comercial

пристанище

porto

парк

parque

пейка

banco

мост

ponte

стълба

escadas

метро

metro

тунел

túnel

автобусна спирка

paragem de autocarro

бар

bar

ресторант

restaurante

пощенска кутия

caixa de correio

улична табелка

sinal de trânsito

часовник за паркинг престой

parquímetro

зоологическа градина

jardim zoológico

плувен басейн

piscina

джамия

mesquita

селски двор

quinta

замърсяване на околната среда

poluição

гробище

cemitério

църква

igreja

детска площадка

parque infantil

храм

templo

пейзаж
paisagem

листо
folha

пътепоказател
placa de sinalização

път
caminho

ливада
prado

камък
pedra

пътешественик
caminhantes

дърво
árvore

река
rio

трева
relva

цвете
flor

долина

vale

планина

montanha

море

lago

гора

floresta

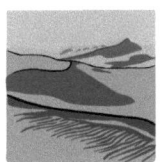

пустиня

deserto

вулкан

vulcão

замък

castelo

дъга

arco-íris

гъба

cogumelo

палма

palma

комар

mosquito

муха

mosca

мравка

formiga

пчела

abelha

паяк

aranha

бръмбар

besouro

жаба

sapo

катеричка

esquilo

таралеж

ouriço

заек

lebre

кукумявка

coruja

птица

pássaro

лебед

cisne

диво прасе

javali

елен

veado

лос

alce

бент

barragem

вятърна турбина

turbina eólica

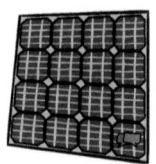

соларен модул

painel solar

климат

clima

келнер
empregado de mesa

меню
menu

стол
cadeira

супа
sopa

пица
pizza

прибори за хранене
talheres

покривка за маса
toalha de mesa

предястие
....
entrada

основно ястие
....
prato principal

десерт
....
sobremesa

напитки
....
bebidas

ядене
....
comida

бутилка
....
garrafa

бързо хранене

fast food

улична храна

comida de rua

кана за чай

bule de chá

кутия за захар

açucareiro

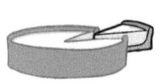

порция

porção

еспресо машина

máquina de café expresso

висок детски стол

cadeira alta

сметка

conta

табла

bandeja

ножица за нокти

faca

вилица

garfo

лъжица

colher

чаена лъжичка

colher de chá

салфетка

guardanapo

стъклена чаша

copo

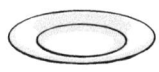

чиния

prato

чиния за супа

prato de sopa

чинийка

pires

сос

molho

солница

saleiro

мелничка за черен пипер

moinho de pimenta

оцет

vinagre

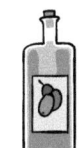

олио

óleo

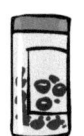

подправки

especiarias

кетчуп

ketchup

горчица

mostarda

майонеза

maionese

супермаркет
supermercado

оферта
oferta especial
FOR
клиент
cliente
млечни продукти
laticínios
плодове
fruta
количка за покупки
carrinho de compras

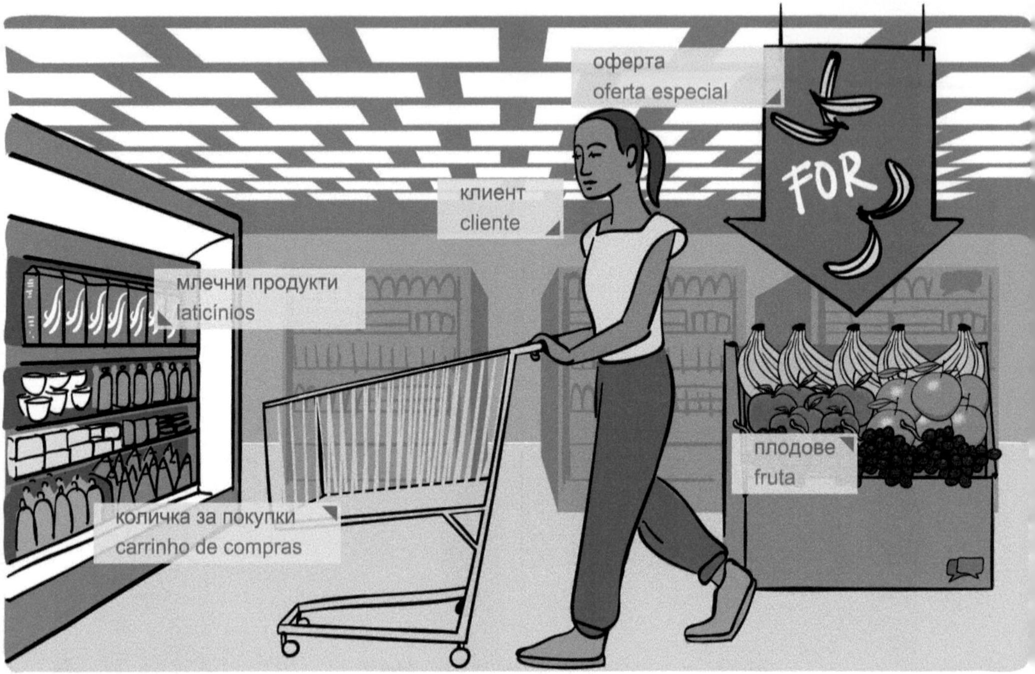

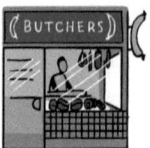

BUTCHERS

кланица

talho

BAKERY

хлебарница

padaria

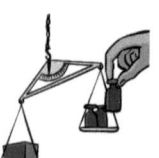

тегля

pesar

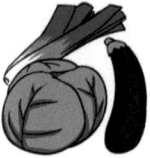

зеленчуци

vegetais

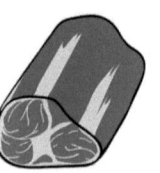

месо

carne

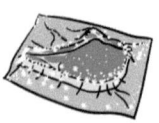

дълбоко замразена храна

alimentos congelados

нарязан колбас или сирене

charcutaria

консерви

comida enlatada

перилен препарат

detergente em pó

лакомства

doces

домакински изделия

artigos domésticos

почистващи препарати

produtos de limpeza

продавачка

vendedora

каса

caixa

касиер

caixa

списък на покупките

lista de compras

работно време

horário de funcionamento

портфейл

carteira

кредитна карта

cartão de crédito

чанта

saco

пластмасова торба

saco de plástico

вода
....
água

сок
....
sumo

мляко
....
leite

кола
....
coca-cola

вино
....
vinho

бира
....
cerveja

алкохол
....
álcool

какао
....
cacau

чай
....
chá

кафе машина
....
café

еспресо
....
café expresso

капучино
....
capuccino

банан

banana

ябълка

maçã

портокал

laranja

пъпеш

melão

лимон

limão

морков

cenoura

чесън

alho

бамбук

bambu

лук

cebola

гъба

cogumelo

ядки

nozes

макарони

talharim

спагети

esparguete

ориз

arroz

салата

salada

пържени картофи

batatas fritas

печени картофи

batatas fritas

пица

pizza

хамбургер

hambúrguer

сандвич

sanduíche

шницел

bife panado

шунка

fiambre

траен колбас

salame

салам

salsicha

пиле

galinha

печено

assado

риба

peixe

овесени ядки

flocos de aveia

мюсли

muesli

корнфлейкс

flocos de milho

брашно

farinha

кроасан

croissant

хлебчета

carcaça (pãozinho)

хляб

pão

препечена филийка

torrada

бисквити

biscoitos

масло

manteiga

извара

requeijão

сладкиш

bolo

яйце

ovo

яйца на очи

ovo estrelado

сирене

queijo

сладолед

gelado

захар

açúcar

мед

mel

мармалад

compota

нуга крем

creme de nougat

къри

caril

селски двор

quinta

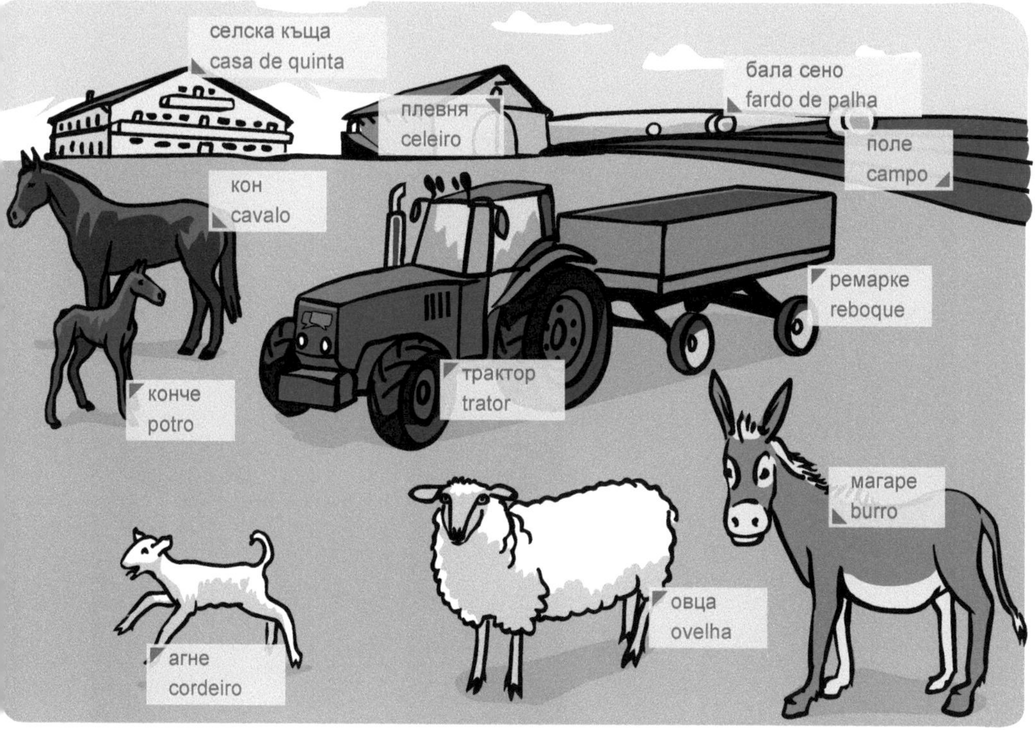

селска къща
casa de quinta
плевня
celeiro
бала сено
fardo de palha
поле
campo
кон
cavalo
ремарке
reboque
трактор
trator
конче
potro
магаре
burro
овца
ovelha
агне
cordeiro

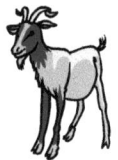

коза

cabra

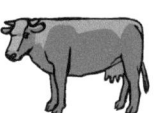

крава

vaca

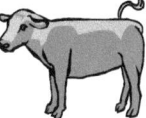

теле

bezerro

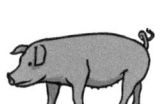

свиня

porco

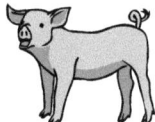

прасенце

leitão

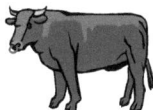

бик

touro

гъска

ganso

патица

pato

пиленце

pintaínho

кокошка

galinha

петел

galo

плъх

ratazana

котка

gato

мишка

rato

вол

boi

куче

cão

кучешка колиба

casota

градински маркуч

mangueira de jardim

лейка

regador

коса

foice

плуг

arado

сърп

foice

мотика

enxada

вила за тор

forquilha

брадва

machado

ръчна количка

carrinho de mão

корито

manjedoura

съд за́ мляко

jarro de leite

чувал

saco

ограда

cerca

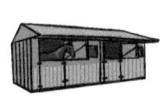

обор

estábulo

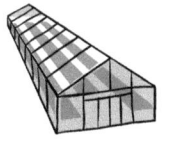

парник

estufa

земя

solo

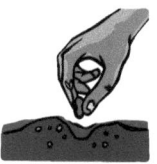

сеитба

semente

тор

fertilizante

комбайн

ceifeira-debulhadora

жъна
colher

реколта
colheita

ямс
inhame

жито
trigo

соя
soja

картоф
batata

царевица
milho

рапица
colza

овощно дърво
árvore de fruto

маниока
mandioca

зърнени храни
cereais

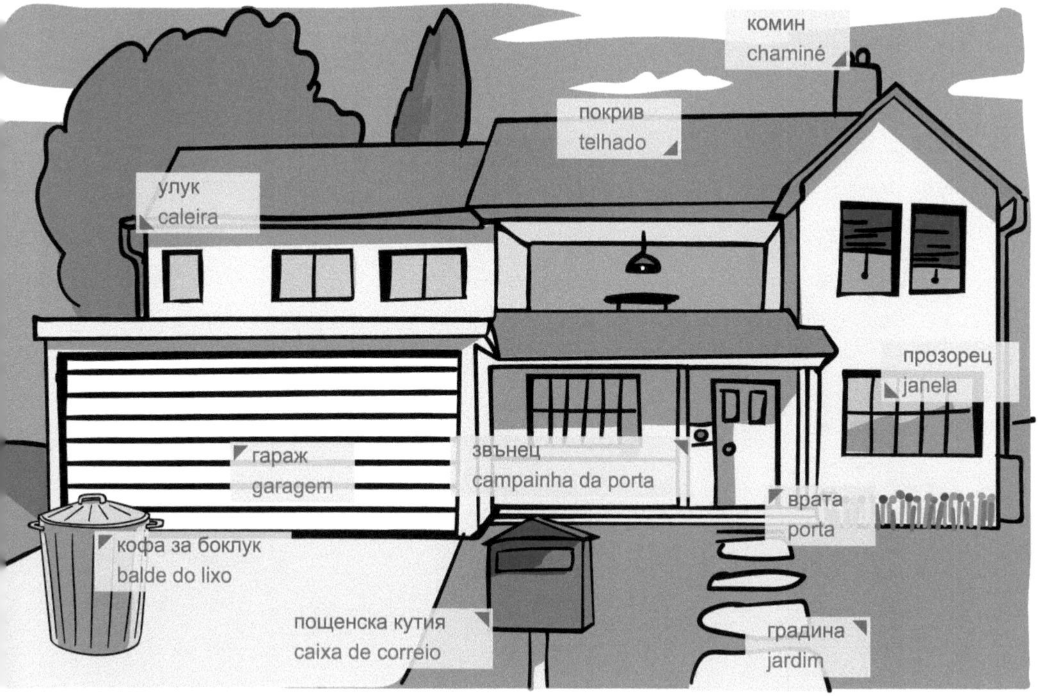

комин
chaminé

покрив
telhado

улук
caleira

прозорец
janela

гараж
garagem

звънец
campainha da porta

врата
porta

кофа за боклук
balde do lixo

пощенска кутия
caixa de correio

градина
jardim

всекидневна
sala de estar

баня
casa de banho

кухня
cozinha

спалня
quarto de dormir

детска стая
quarto de criança

трапезария
sala de jantar

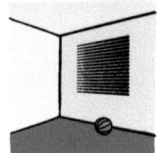

под
chão

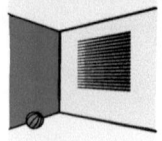

стена
parede

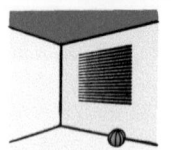

таван
teto

изба
cave

сауна
sauna

балкон
varanda

тераса
terraço

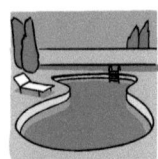

плувен басейн
piscina

косачка
máquina de cortar relvado

спално бельо
lençol

покривка за легло
cobertor

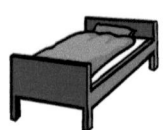

легло
cama

метла
vassoura

кофа
balde

електрически ключ
interruptor

всекидневна
sala de estar

тапет
papel de parede
картина
imagem
лампа
lâmpada
рафт
prateleira
шкаф
armário
телевизор
televisão
камина
lareira
цвете
flor
възглавница
almofada
канапе
sofá
ваза
vaso
дистанционно управление
controlo remoto

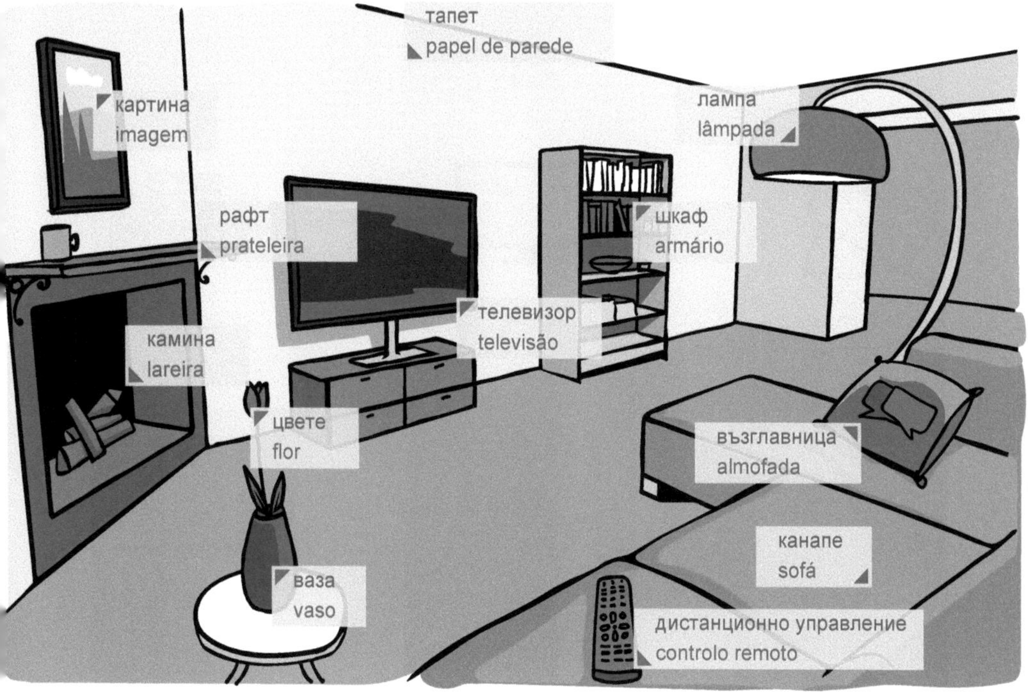

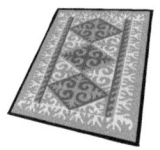

килим

tapete

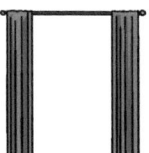

завеса

cortina

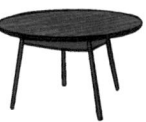

маса

mesa

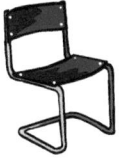

стол

cadeira

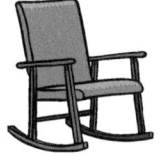

люлеещ се стол

cadeira de baloiço

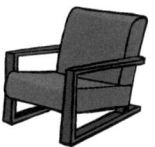

кресло

poltrona

книга

livro

одеяло

cobertor

декорация

decoração

дърва за отопление

lenha

филм

filme

стерео уредба

sistema estéreo

ключ

chave

вестник

jornal

живопис

pintura

постер

póster

радио

rádio

бележник

bloco de notas

прахосмукачка

aspirador

кактус

cato

свещ

vela

кухня
cozinha

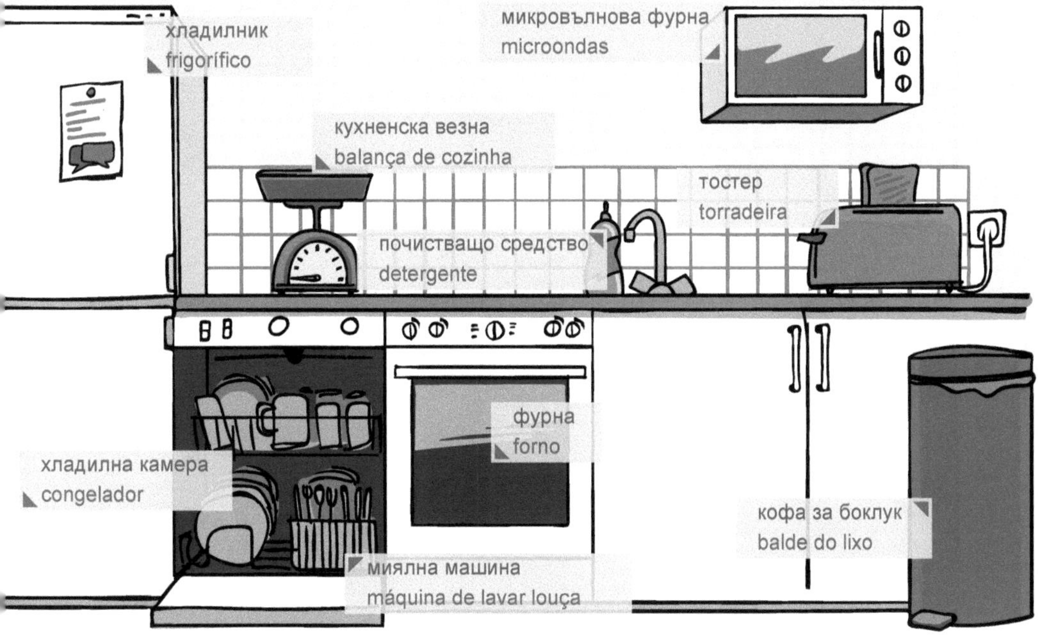

хладилник
frigorífico
микровълнова фурна
microondas
кухненска везна
balança de cozinha
тостер
torradeira
почистващо средство
detergente
фурна
forno
хладилна камера
congelador
кофа за боклук
balde do lixo
миялна машина
máquina de lavar louça

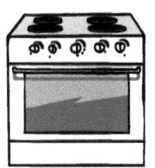

готварска печка

fogão

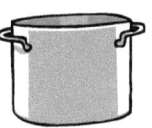

тенджера

panela

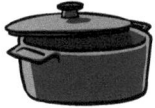

желязна тенджера

panela de ferro

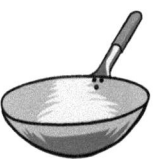

уок / кадаи

wok / kadai

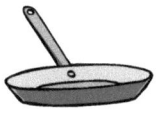

тиган

frigideira

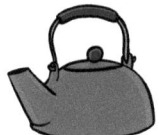

кана за затопляне на вода

chaleira

уред за готвене на пара

panela a vapor

тава за печене

tabuleiro de forno

съдове

louça

чаша

caneca

купа

tigela

клечки за хранене

pauzinhos

черпак

concha de sopa

лопатка за тиган

espátula

тел за разбиване (на яйца, белтъци)

batedor de claras

кошница за варене

escorredor

гевгир

peneira

ренде

ralador

хаван

almofariz

барбекю

churrasqueira

огнище

lareira

дъска

tábua de cortar

точилка

rolo da massa

тирбушон

saca-rolhas

кутия

lata

отварачка за консерви

abridor de latas

кухненска ръкохватка

luvas de forno

мивка

lava-loiça

четка

escova

гъба

esponja

миксер

liquidificador

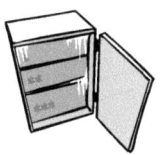

фризер

arca frigorífica

бебешко шише

biberão

воден кран

torneira

баня

casa de banho

отопление
aquecimento
хавлиена кърпа
toalha
душ
chuveiro
завеса за баня
cortina de chuveiro
шампоан за вана
banho de espuma
вана
banheira
стъклена чаша
copo
перална машина
máquina de lavar roupa
воден кран
torneira
плочки
azulejos
гърне
penico
мивка
lava-loiça

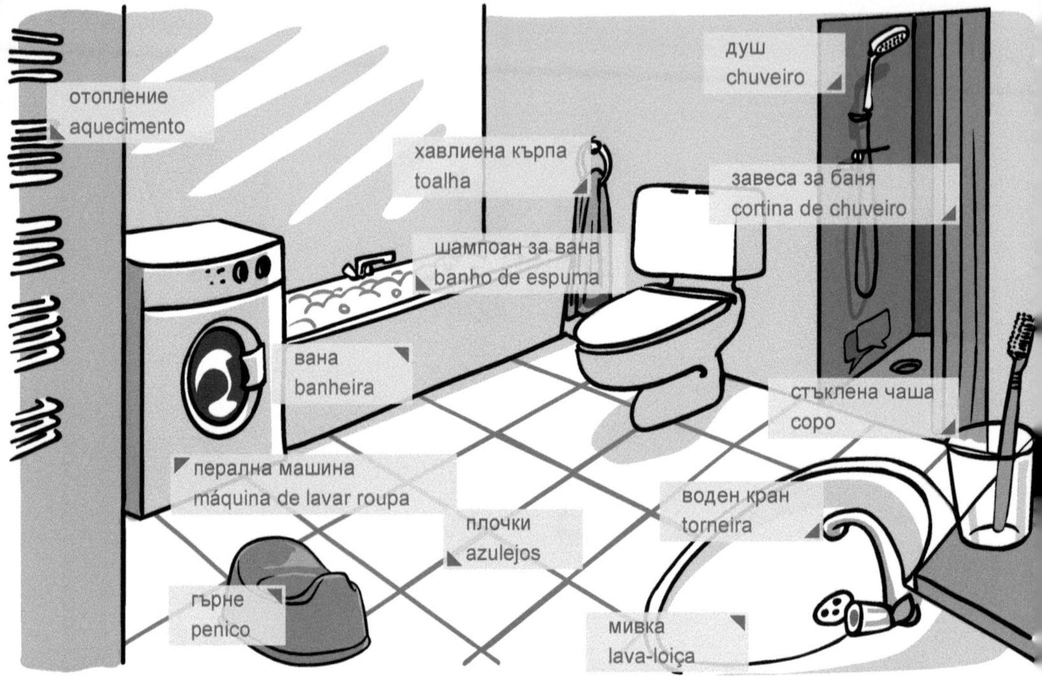

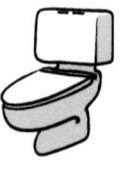

тоалетна

sanita

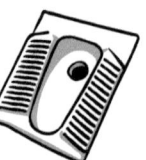

клекало

retrete turca

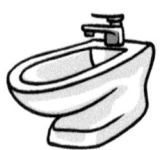

биде

bidé

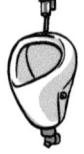

писоар

urinol

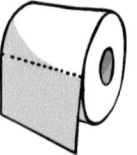

тоалетна хартия

papel higiénico

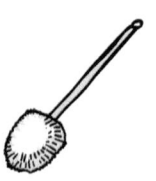

четка за тоалетна

piaçaba

четка за зъби

escova de dentes

паста за зъби

pasta de dentes

мия

lavar

ръчен душ

chuveiro de mão

конец за зъби

fio dentário

интимен душ

duche íntimo

леген

bacia

четка за гръб

escova para as costas

сапун

sabonete

душ гел

gel de banho

шампоан за вана

champô

гъба за баня

toalha de rosto

сифон

escoamento

крем

creme

дезодорант

desodorizante

огледало

espelho

козметично огледало

espelho de mão

ръчна самобръсначка

máquina de barbear

пяна за бръснене

creme de barbear

одеколон за след
бръснене
loção pós-barba

гребен

pente

четка

escova

сешоар

secador de cabelo

спрей за коса

spray de cabelo

грим

maquilhagem

червило

batom

лак за нокти

verniz de unhas

памук

algodão

ножица за нокти

tesoura para unhas

парфюм

perfume

тоалетна чантичка

nécessaire

табуретка

tamborete

везна

balança

хавлия

roupão de banho

домакински ръкавици

luvas de borracha

тампон

tampão

дамски превръзки

penso higiénico

химическа тоалетна

WC químico

детска стая
quarto de criança

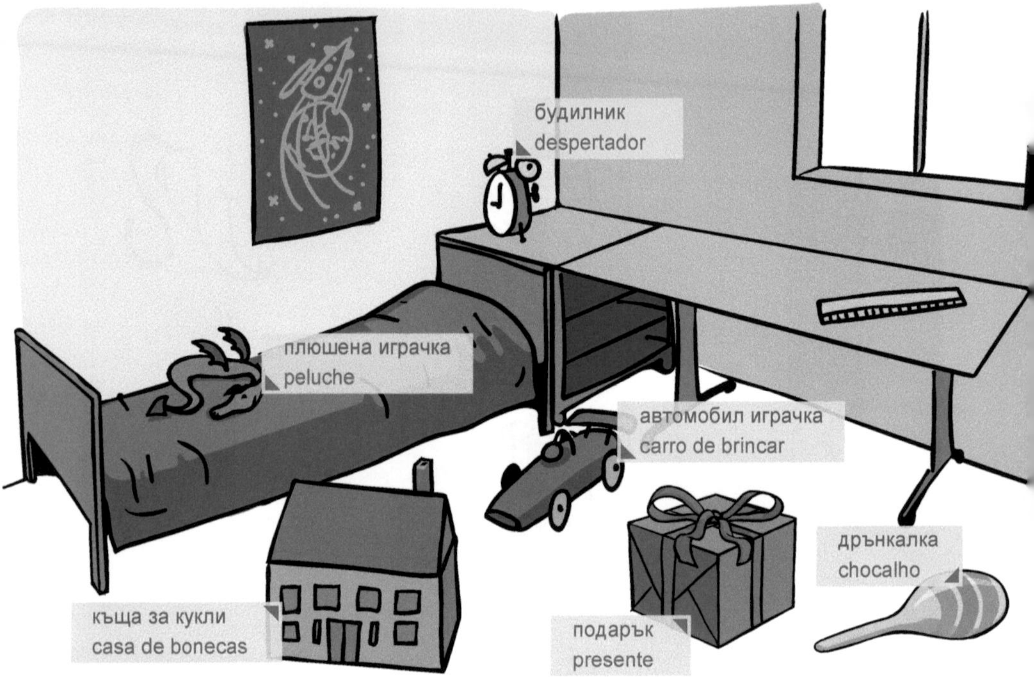
будилник
despertador
плюшена играчка
peluche
автомобил играчка
carro de brincar
дрънкалка
chocalho
къща за кукли
casa de bonecas
подарък
presente

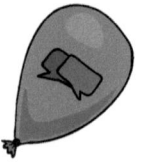

балон
balão

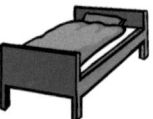

легло
cama

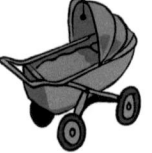

детска количка
carrinho de bebé

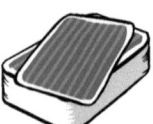

игра на карти
jogo de cartas

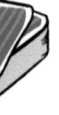

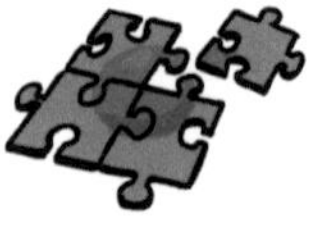

пъзел
quebra-cabeças

SUPER
MEGA

комикс
banda desenhada

лего елементи

peças de Lego

строителни елементи

blocos de construção

екшън фигурка

figura de ação

бебешки гащеризон

fato de bebé

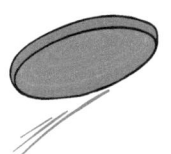

фрисби

Frisbee

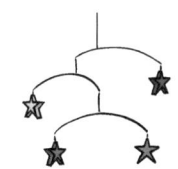

бебешки играчки за легло

móbile para bebé

настолна игра

jogo de tabuleiro

зарче

dados

миниатюрно влакче

pista de comboio elétrico

биберон

chupeta

парти

festa

детска книга с илюстрации

livro ilustrado

топка

bola

кукла

boneca

играя

jogar

пясъчник

caixa de areia

люлка

baloiço

играчка

brinquedos

игрова конзола

consola de jogos

велосипед с три колелета

triciclo

плюшено мече

ursinho de peluche

гардероб

guarda-roupa

облекло

vestuário

къси чорапи

meias

дълги чорапи

meias pelo joelho

чорапогащник

meias-calças

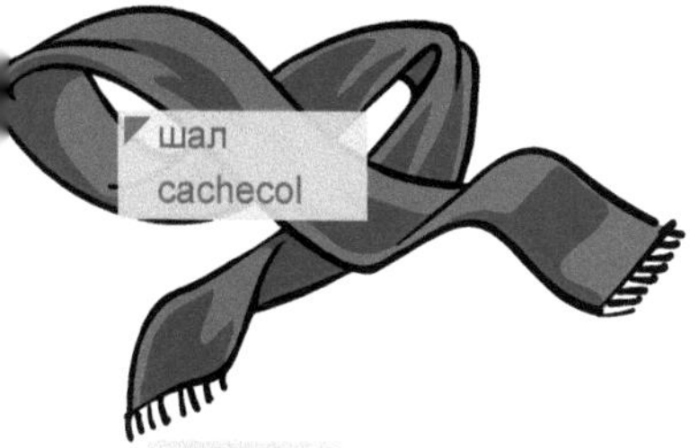

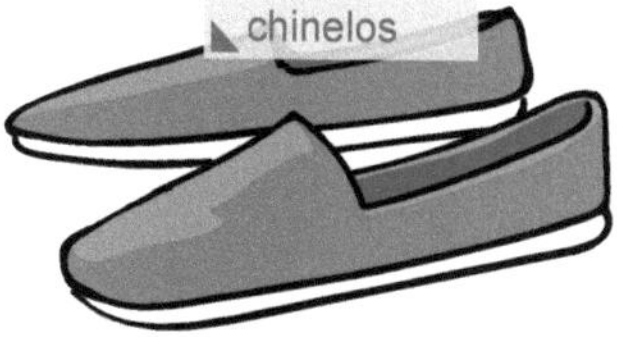

шал
cachecol

колан
cinto

чадър
guarda-chuva

Т-шърт
t-shirt

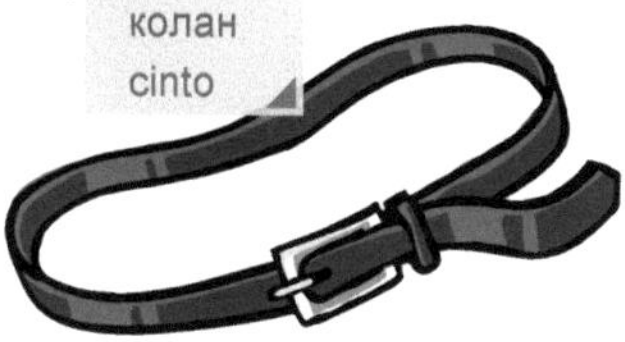

ботуши
botas

пантофи
chinelos

гуменки
sapatilhas

сандали
sandálias

обувки
sapatos

гумени ботуши
botas de borracha

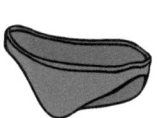

слип
cuecas

сутиен
sutiã

долна блуза
camisola interior

боди

body

панталон

calças

дънки

calças de ganga

пола

saia

блуза

blusa

риза

camisa

пуловер

pulôver

суичър

camisola com capuz

блейзър

blazer

яке

casaco

палто

manto

дъждобран

gabardina

костюм

traje

рокля

vestido

булчинска рокля

vestido de casamento

костюм

fato

нощница

camisa de dormir

пижама

pijama

сари

sari

кърпа за глава

lenço de cabeça

тюрбан

turbante

бурка

burca

кафтан

cafetã

абая

abaya

бански костюм

fato de banho

плувни шорти

calções de banho

къс панталон

calções

анцуг

fato de treino

престилка

avental

ръкавици

luvas

копче

botão

очила

óculos

гривна

pulseira

верижка

colar

пръстен

anel

обеца

brinco

каскет

boné

закачалка

cabide

шапка

chapéu

вратовръзка

gravata

цип

fecho de correr

каска

capacete

тиранти

suspensórios

ученическа униформа

uniforme escolar

униформа

uniforme

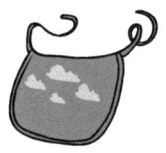

лигавник

babete

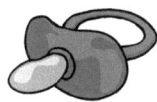

биберон

chupeta

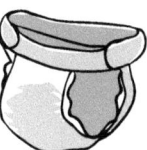

пелена

fralda

офис
escritório

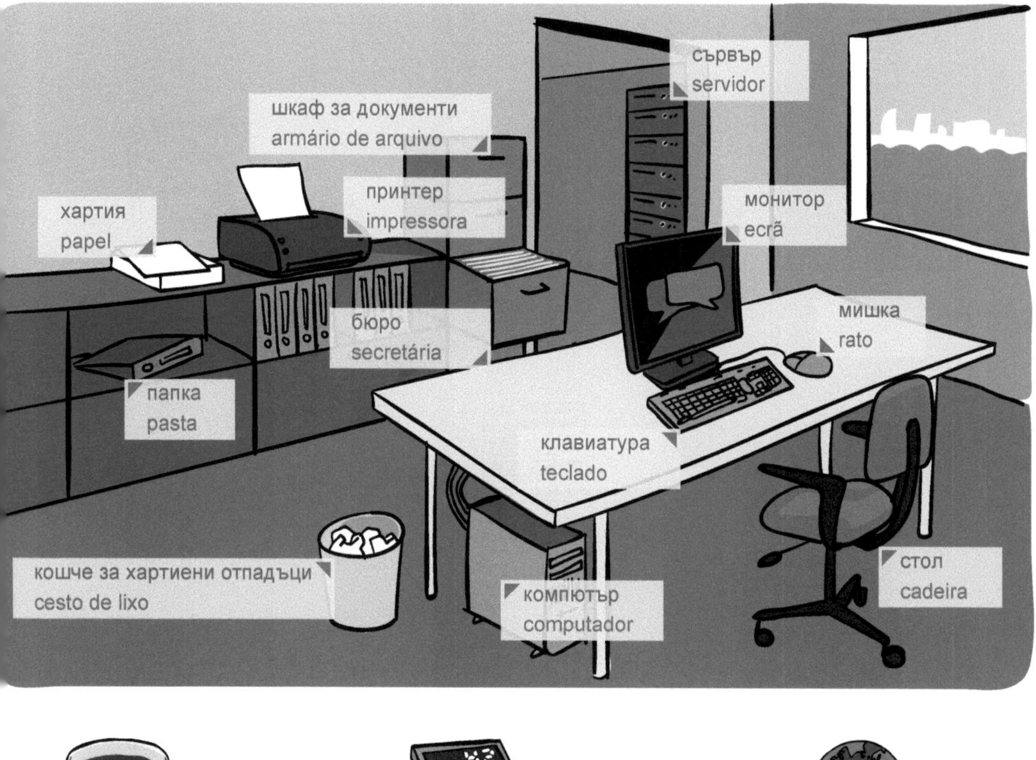
сървър
servidor
шкаф за документи
armário de arquivo
хартия
papel
принтер
impressora
монитор
ecrã
бюро
secretária
мишка
rato
папка
pasta
клавиатура
teclado
кошче за хартиени отпадъци
cesto de lixo
компютър
computador
стол
cadeira

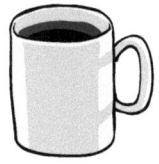

чаша за кафе

caneca de café

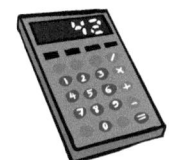

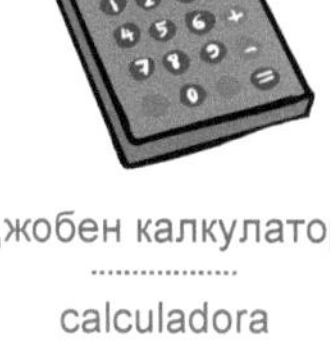

джобен калкулатор

calculadora

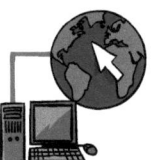

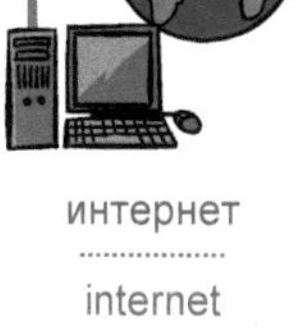

интернет

internet

лаптоп

computador portátil

писмо

carta

съобщение

mensagem

мобилен телефон

telemóvel

мрежа

rede

ксерокс

fotocopiadora

софтуер

software

телефон

telefone

контакт

tomada elétrica

факс

fax

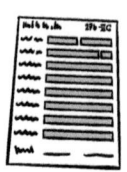

формуляр

formulário

документ

documento

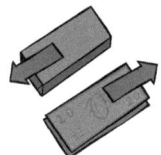

купувам

comprar

плащам

pagar

търгувам

negociar

пари

dinheiro

USD

долар

dólar

EUR

евро

euro

JPY

йена

yen

RUB

рубла

rublo

CHF

швейцарски франк

franco suíço

CNY

ренминби юан

renminbi yuan

INR
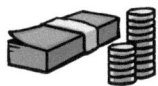

рупия

rupia

банкомат

caixa de multibanco

обменно бюро

casa de câmbio

злато

ouro

сребро

prata

нефт

petróleo

енергия

energia

цена

preço

договор

contrato

данък

imposto

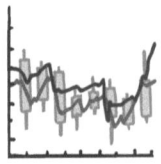

акция

ação

работя

trabalhar

служител

empregado

работодател

entidade patronal

фабрика

fábrica

магазин за цветя

loja

професии
profissões

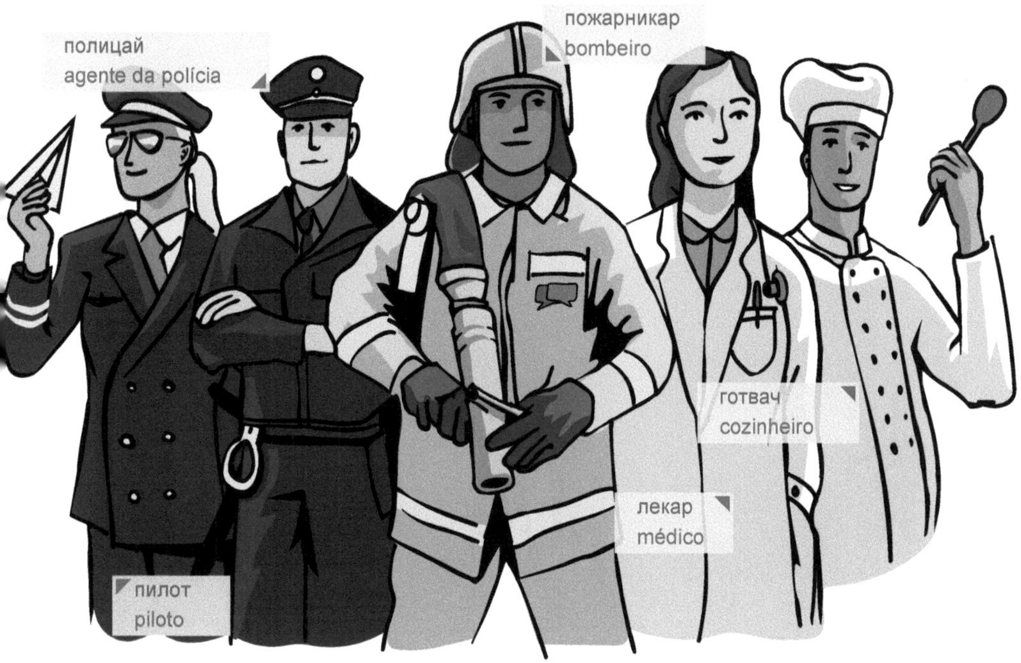

полицай
agente da polícia
пожарникар
bombeiro
готвач
cozinheiro
лекар
médico
пилот
piloto

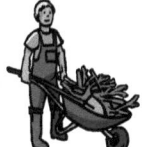

градинар

jardineiro

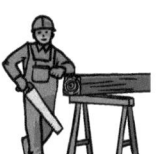

мебелист

carpinteiro

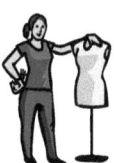

шивачка

costureira

съдия

juiz

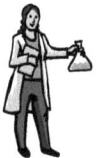

химик

químico

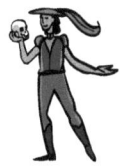

артист

ator

шофьор на автобус

motorista de autocarro

шофьор на такси

motorista de táxi

рибар

pescador

чистачка

empregada de limpeza

майстор на покриви

telhador

келнер

empregado de mesa

ловец

caçador

художник

pintor

хлебар

padeiro

електротехник

eletricista

строителен работник

construtor

инженер

engenheiro

касапин

talhante

тенекеджия

canalizador

пощальон

carteiro

войник

soldado

архитект

arquiteto

касиер

caixa

цветар

florista

фризьор

cabeleireiro

кондуктор

controlador de bilhetes

механик

mecânico

капитан

capitão

зъболекар

dentista

научен работник

cientista

равин

rabino

имàм

imã

монах

monge

свещеник

pastor

инструменти
ferramentas

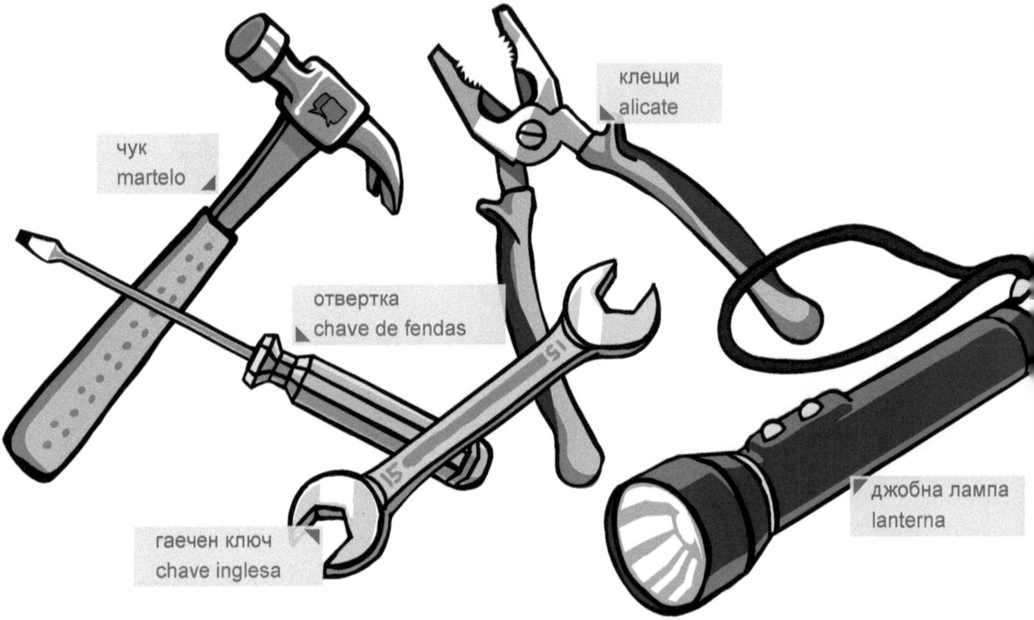
чук
martelo
клещи
alicate
отвертка
chave de fendas
гаечен ключ
chave inglesa
джобна лампа
lanterna

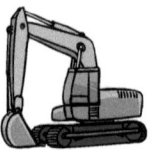

багер

escavadora

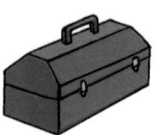

кутия за инструменти

caixa de ferramentas

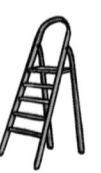

стълба

escadote

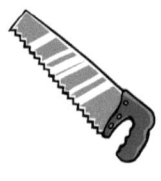

трион

serra

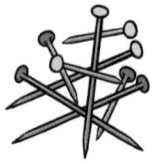

пирони

pregos

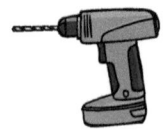

бормашина

broca

ремонтирам

reparar

лопата

pá

По дяволите!

porcaria!

лопатка за смет

pá de lixo

кутия за боя

pote de tinta

болтове

parafusos

музикални инструменти
instrumentos musicais

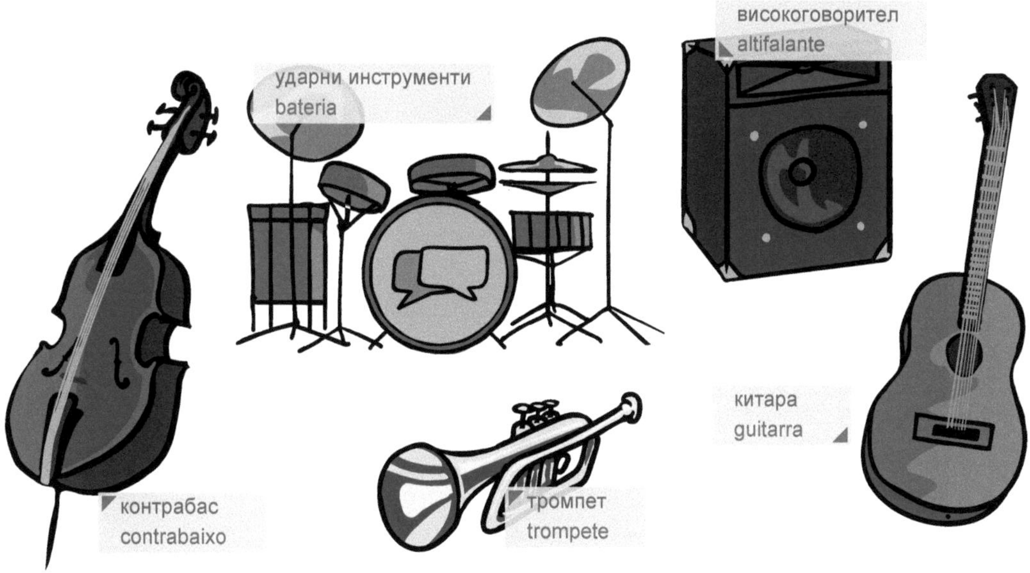

ударни инструменти
bateria

високоговорител
altifalante

контрабас
contrabaixo

тромпет
trompete

китара
guitarra

пиано

piano

виолина

violino

контрабас

baixo

тимпан

timbales

барабан

tambor

електрическо пиано

teclado

саксофон

saxofone

флейта

flauta

микрофон

microfone

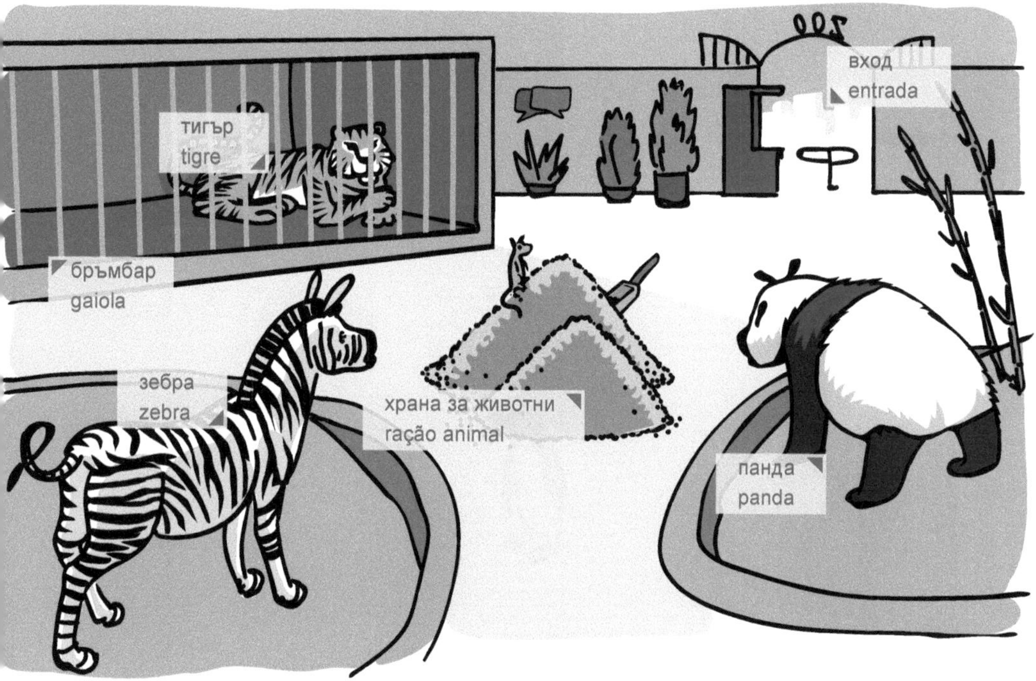

зоо

вход
entrada

тигър
tigre

бръмбар
gaiola

зебра
zebra

храна за животни
ração animal

панда
panda

животни

animais

слон

elefante

кенгуру

canguru

носорог

rinoceronte

горила

gorila

мечка

urso

камила

camelo

щраус

avestruz

лъв

leão

маймуна

macaco

фламинго

flamingo

папагал

papagaio

бяла мечка

urso polar

пингвин

pinguim

акула

tubarão

паун

pavão

змия

cobra

крокодил

crocodilo

пазач в зоологическа
градина

guarda do jardim zoológico

тюлен

foca

ягуар

jaguar

пони

pónei

леопард

leopardo

хипопотам

hipopótamo

жираф

girafa

орел

águia

диво прасе

javali

риба

peixe

костенурка

tartaruga

морж

morsa

лисица

raposa

газела

gazela

американски футбол
futebol americano

колоездене
ciclismo

тенис
ténis

баскетбол
basquetebol

плуване
natação

бокс
boxe

хокей на лед
hóquei no gelo

футбол

futebol

бадминтон

badminton

лека атлетика

atletismo

хандбал

andebol

ски бягане

esqui

поло

polo

дейности
atividades

скачам
saltar
прегръщам
abraçar
смея се
rir
вървя
andar
пея
cantar
сънувам
sonhar
моля се
rezar
целувам
beijar

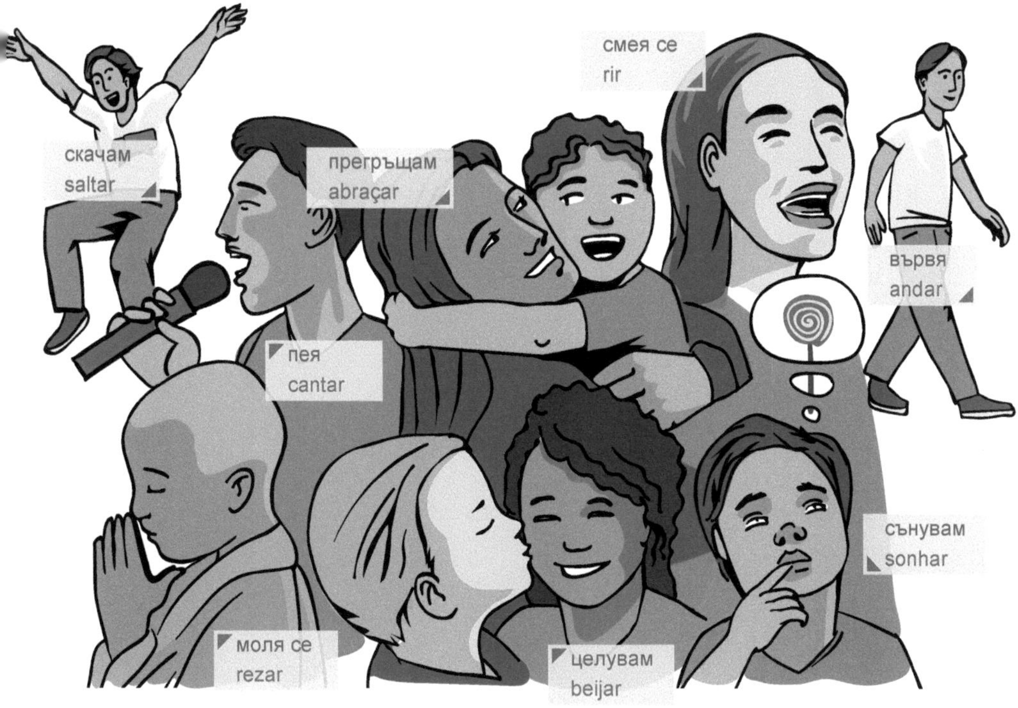

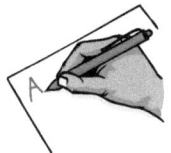

пиша
escrever

рисувам
desenhar

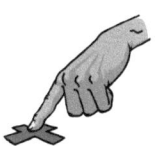

показвам
mostrar

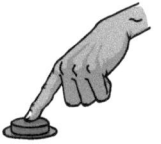

бутам
empurrar

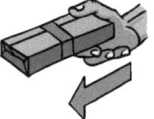

давам
dar

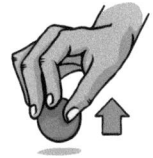

взимам
tomar

имам

ter

правя

fazer

съм

ser

стоя

ficar de pé

тичам

correr

дърпам

puxar

хвърлям

remessar

падам

cair

лежа

deitar

чакам

esperar

нося

carregar

седя

sentar

обличам

vestir

спя

dormir

събуждам се

acordar

разглеждам

olhar para

плача

chorar

милвам

acariciar

реша се

pentear

говоря

falar

разбирам

compreender

питам

perguntar

слушам

ouvir

пия

beber

ям

comer

разтребвам

arrumar

обичам

amar

готвя

cozinhar

карам автомобил

conduzir

летя

voar

плавам (с платна)

velejar

смятане

calcular

чета

ler

уча

aprender

работя

trabalhar

женя се

casar

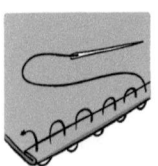

шия

costurar

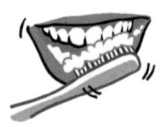

измивам си зъбите

escovar os dentes

убивам

matar

пуша

fumar

изпращам

enviar

семейство
família

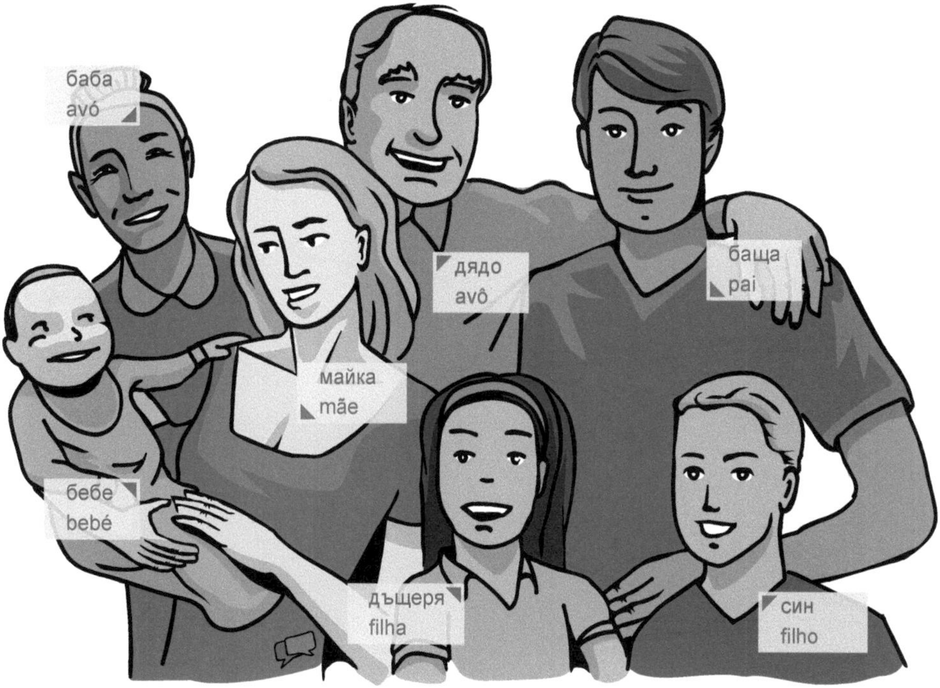
баба
avó
дядо
avô
баща
pai
майка
mãe
бебе
bebé
дъщеря
filha
син
filho

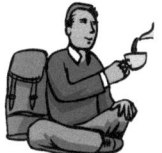

посетител
convidado

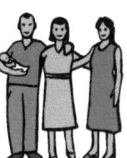

леля
tia

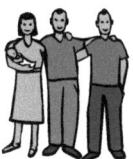

чичо
tio

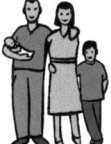

брат
irmão

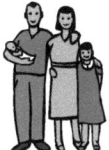

сестра
irmã

тяло

corpo

чело
testa
око
olho
рамо
ombro
пръст
dedo
лице
cara
брадичка
queixo
ръка
mão
крак
perna
гърди
peito
ръка
braço

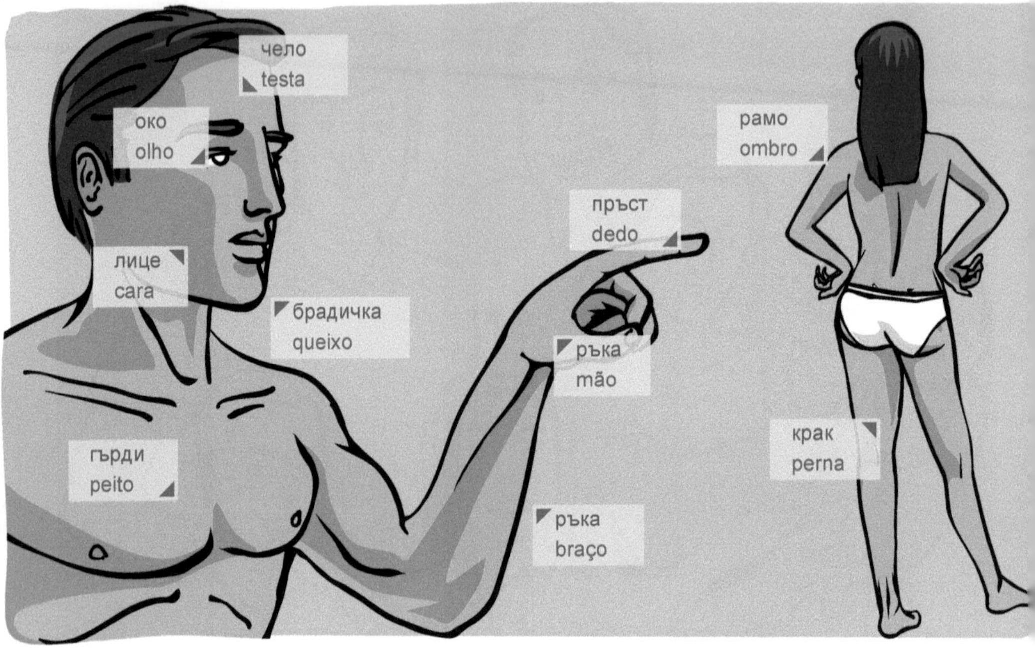

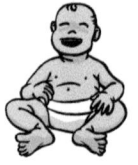

бебе

bebé

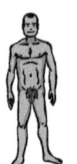

мъж

homem

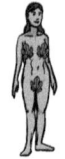

жена

mulher

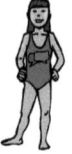

момиче

menina

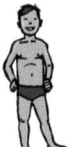

момче

menino

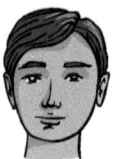

глава

cabeça

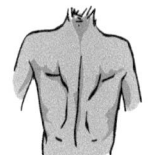

гръб

costas

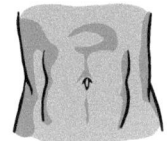

корем

barriga

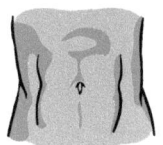

пъп

umbigo

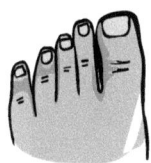

пръст на крака

dedo do pé

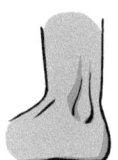

пета

calcanhar

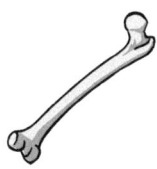

кост

osso

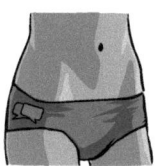

хълбок

anca

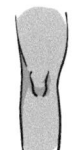

коляно

joelho

лакът

cotovelo

нос

nariz

седалище

nádegas

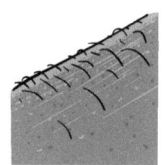

кожа

pele

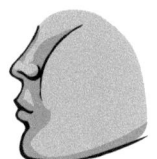

буза

bochecha

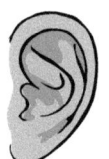

ухо

orelha

устна

lábio

уста

boca

зъб

dente

език

língua

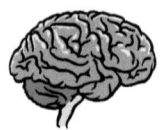

мозък

cérebro

сърце

coração

мускул

músculo

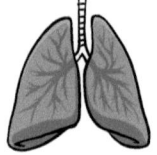

бял дроб

pulmão

черен дроб

fígado

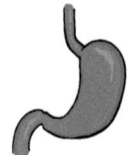

стомах

estômago

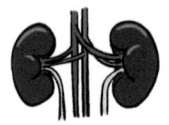

бъбреци

rins

полово сношение

relações sexuais

кондом

preservativo

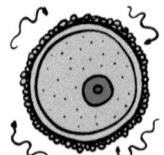

яйцеклетка

óvulo

сперма

esperma

бременност

gravidez

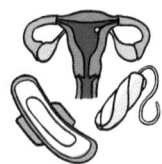

менструация

menstruação

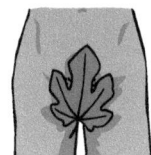

вагина

vagina

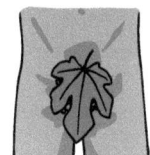

пенис

pénis

вежда

sobrancelha

коса

cabelo

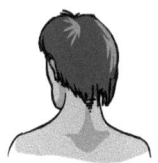

шия

pescoço

болница
hospital

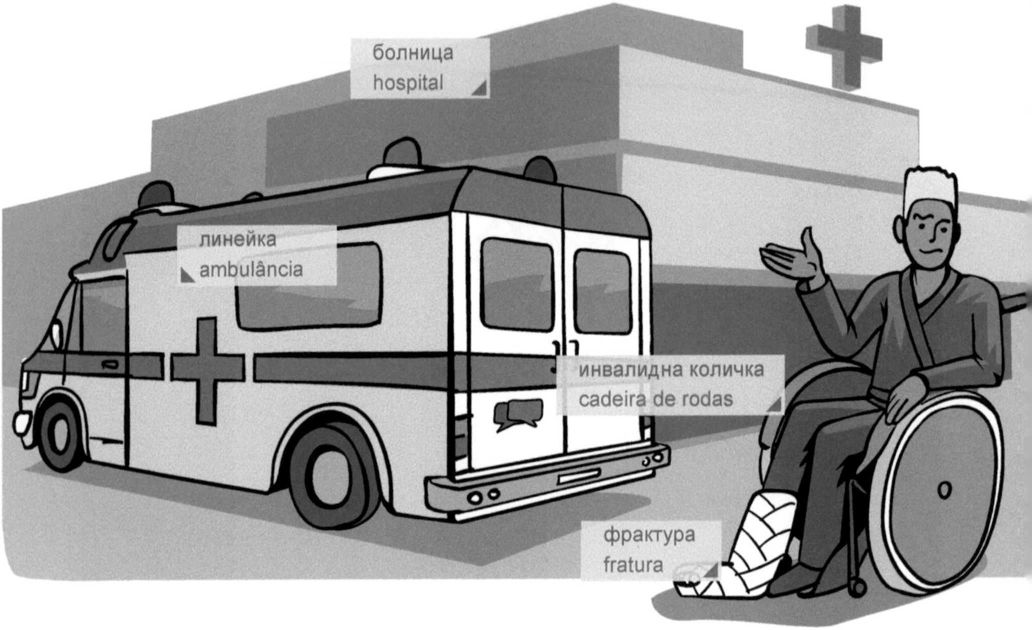

болница
hospital
линейка
ambulância
инвалидна количка
cadeira de rodas
фрактура
fratura

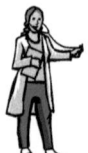

лекар
médico

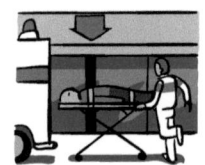

спешна хоспитализация
serviço de urgências

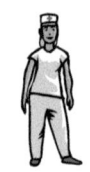

медицинска сестра
enfermeira

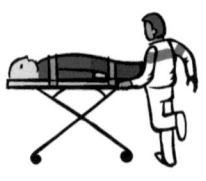

спешен случай
emergência

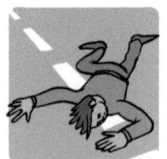

в безсъзнание
inconsciente

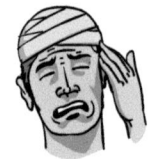

болка
dor

нараняване

ferimento

кървене

hemorragia

инфаркт

ataque cardíaco

инсулт

acidente vascular cerebral

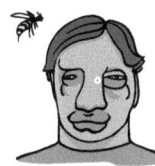

алергия

alergia

кашлица

tosse

температура

febre

грип

gripe

диария

diarreia

главоболие

dor de cabeça

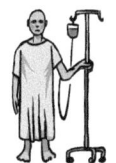

рак

cancro

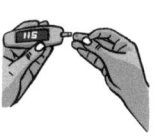

диабет

diabetes

хирург

cirurgião

скалпел

bisturi

операция

operação

компютърна томография

CT

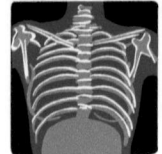

рентген

raio x

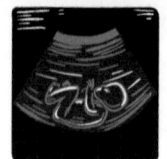

ултразвук

ultrassom

маска

máscara

болест

doença

чакалня

sala de espera

патерица

muleta

пластир

penso rápido

превръзка

ligadura

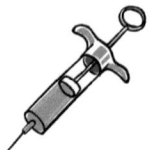

инжекция

injeção

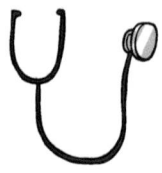

стетоскоп

estetoscópio

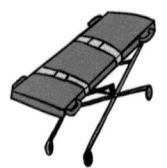

носилка

maca

термометър

termómetro

раждане

nascimento

наднормено тегло

excesso de peso

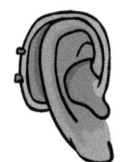

слухов апарат

aparelho auditivo

дезинфекционно средство

desinfetante

инфекция

infeção

вирус

vírus

HIV / AIDS

HIV / SIDA

медицина

medicamento

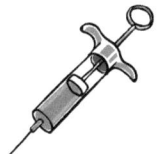

ваксинация

vacinação

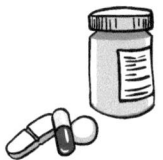

таблети

comprimidos

противозачатъчна таблетка

pílula

спешно телефонно обаждане

chamada de emergência

апарат за измерване на кръвното налягане

dispositivo de medição de pressão arterial

болен / здрав

doente / saudável

Помощ!

Socorro!

сигнал за тревога

alarme

нападение

assalto

атака

ataque

опасност

perigo

авариен изход

saída de emergência

Пожар!

Fogo!

пожарогасител

extintor de incêndios

злополука

acidente

комплект за оказване на
първа помощ

estojo de primeiros socorros

SOS

SOS

полиция

polícia

Европа

Europa

Северна Америка

América do Norte

Южна Америка

América do Sul

Африка

África

Азия

Ásia

Австралия

Austrália

Атлантически океан

Atlântico

Тихи океан

Pacífico

Индийски океан

Oceano Índico

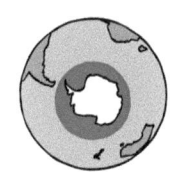

Южен ледовит океан

Oceano Antártico

Северен ледовит океан

Oceano Ártico

Северен полюс

Polo Norte

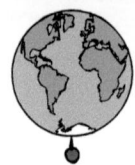

Южен полюс

Polo Sul

Антарктида

Antártica

Земя

terra

суша

país

море

mar

остров

ilha

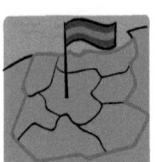

нация

nação

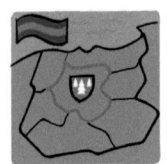

държава

estado

циферблат

mostrador do relógio

стрелка на часовете

ponteiro das horas

стрелка на минутите

ponteiro dos minutos

стрелка на секундите

ponteiro dos segundos

Колко е часът?

Que horas são?

ден

dia

време

tempo

сега

agora

дигитален часовник

relógio digital

минута

minuto

час

hora

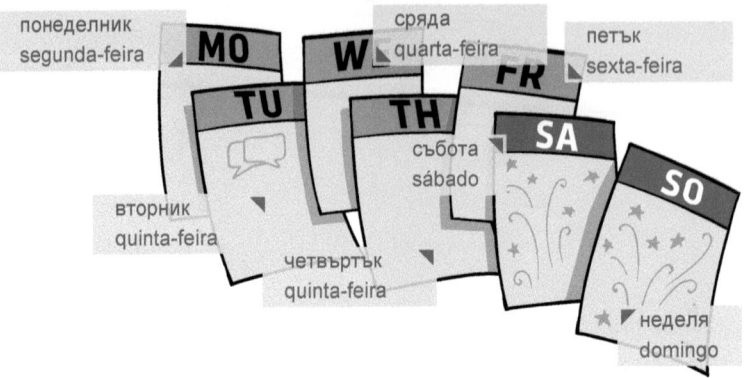

понеделник
segunda-feira

MO

сряда
quarta-feira

W

петък
sexta-feira

FR

TU

TH

събота
sábado

SA

SO

вторник
quinta-feira

четвъртък
quinta-feira

неделя
domingo

вчера

ontem

днес

hoje

утре

amanhã

сутрин

manhã

обед

meio-dia

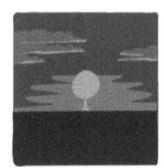

вечер

entardecer

работни дни

dias úteis

уикенд

fim de semana

дъжд
chuva

дъга
arco-íris

сняг
neve

вятър
vento

пролет
primavera

есен
outono

лято
verão

зима
inverno

4.APRIL	11°	☀
5.APRIL	4°	
6.APRIL	13°	
7.APRIL	8°	☀
8.APRIL	10°	☀

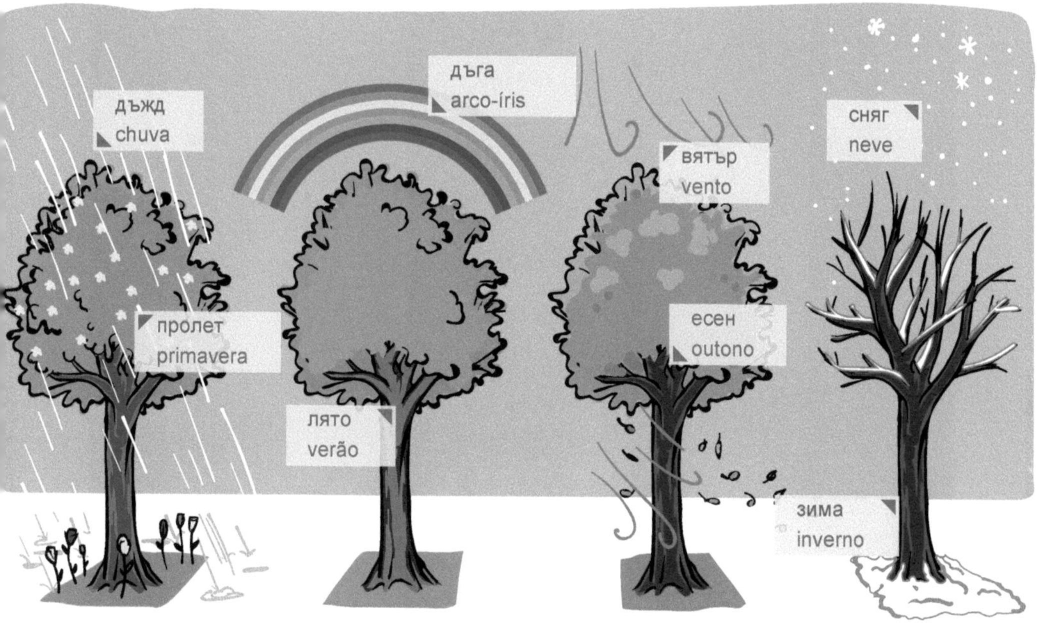

прогноза за времето

previsão do tempo

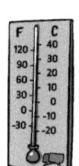

термометър

termómetro

слънчева светлина

raios de sol

облак

nuvem

мъгла

neblina / nevoeiro

влажност на въздуха

humidade do ar

светкавица

relâmpago

гръмотевица

trovão

буря

tempestade

градушка

granizo

мусон

monção

наводнение

inundação

лед

gelo

януари

janeiro

февруари

fevereiro

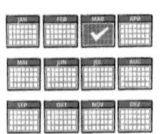

март

março

април

abril

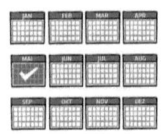

май

maio

юни

junho

юли

julho

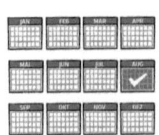

август

agosto

година - ano

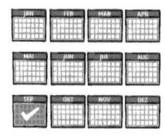

септември
....
setembro

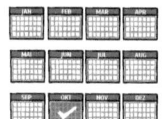

октомври
....
outubro

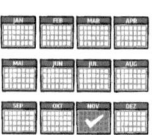

ноември
....
novembro

декември
....
dezembro

форми

formas

кръг
....
círculo

квадрат
....
quadrado

четириъгълник
....
retângulo

триъгълник
....
triângulo

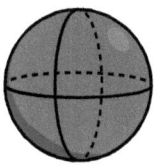

сфера
....
esfera

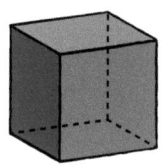

куб
....
cubo

бял

branco

жълт

amarelo

оранжев

laranja

розов

rosa

червен

vermelho

лилав

lilás

син

azul

зелен

verde

кафяв

castanho

сив

cinzento

черен

preto

много / малко

muito / pouco

ядосан / спокоен

furioso / calmo

красив / грозен

lindo / feio

начало / край

princípio / fim

голям / малък

grande / pequeno

светъл / тъмен

claro / escuro

брат / сестра

irmão / irmã

чист / мръсен

limpo / sujo

пълен / непълен

completo / incompleto

ден / нощ

dia / noite

мъртъв / жив

morto / vivo

широк / тесен

largo / estreito

ядлив / неядлив

comestível / não comestível

сърдит / любезен

mau / gentil

развълнуван / скучаещ

entusiasmado / entediado

дебел / тънък

gordo / magro

най-напред / най-накрая

primeiro / último

приятел / враг

amigo / inimigo

пълен / празен

cheio / vazio

твърд / мек

duro / macio

тежък / лек

pesado / leve

глад / жажда

fome / sede

болен / здрав

doente / saudável

нелегален / легален

ilegal / legal

интелигентен / глупав

inteligente / burro

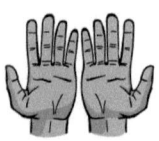

ляво / дясно

esquerda / direita

близо / далече

perto / longe

нов / употребяван

novo / usado

нищо / нещо

nada / algo

стар / млад

velho / jovem

вкл. / изкл.

ligado / desligado

отворен / затворен

aberto / fechado

тих / силен (звук)

baixo / alto

богат / беден

rico / pobre

правилен / погрешен

certo / errado

грапав / гладък

áspero / liso

тъжен / щастлив

triste / feliz

дълъг / къс

curto / longo

бавен / бърз

lento / rápido

мокър / сух

molhado / seco

топъл / студен

ameno / fresco

война / мир

guerra / paz

0

нула

zero

1

едно

um

2

две

dois

3

три

três

4

четири

quatro

5

пет

cinco

6

шест

seis

7

седем

sete

8

осем

oito

9

девет

nove

10

десет

dez

11

единадесет

onze

12

дванадесет

doze

13

тринадесет

treze

14

четиринадесет

catorze

15

петнадесет

quinze

16

шестнадесет

dezasseis

17

седемнадесет

dezassete

18

осемнадесет

dezoito

19

деветнадесет

dezanove

20

двадесет

vinte

100

сто

cem

1.000

хиляда

mil

1.000.000

милион

milhão

английски
....
inglês

американски английски
....
inglês americano

китайски мандарин
....
chinês mandarim

хинди
....
hindi

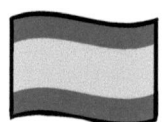

испански
....
espanhol

френски
....
francês

арабски
....
árabe

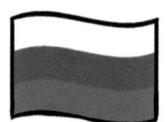

руски
....
russo

португалски
....
português

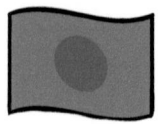

бенгалски
....
bengalês

немски
....
alemão

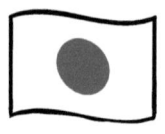

японски
....
japonês

аз

eu

ти

tu

той / тя / то

ele / ela

ние

nós

вие

vós

те

eles / elas

кой?

quem?

какво?

o quê?

как?

como?

къде?

onde?

кога?

quando?

име

nome

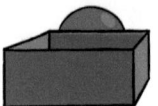

зад
....
atrás

в
....
em

пред
....
à frente de

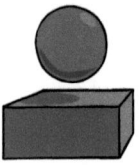

над
....
sobre

върху
....
em cima

под
....
debaixo

до
....
ao lado

между
....
entre

място
....
lugar